familia

Todo el mundo visita a la

Colleen Hord

Rourke
Educational Media

rourkeeducationalmedia.com

Escanea el código para descubrir títulos relacionados y recursos para los maestros

Actividades para antes y después de leer:

Nivel: G **Número de palabras: 343**

palabra número 100: *África* página 9

Enfoque de la enseñanza:

Contracciones: encuentra la contracción utilizada en el libro y anótala. Escribe debajo las dos palabras que componen esta contracción. ¿De qué manera son iguales? ¿Qué letras faltan? ¿Qué otras contracciones conoces?

Antes de leer:

Construcción del vocabulario académico y conocimiento del trasfondo

Antes de leer un libro, es importante que prepare a su hijo o estudiante usando estrategias de prelectura. Esto les ayudará a desarrollar su vocabulario, aumentar su comprensión de lectura y hacer conexiones durante el seguimiento al plan de estudios.

1. Lea el título y mire la portada. *Haga predicciones acerca de lo que tratará este libro.*
2. Haga un «recorrido con imágenes», hablando de los dibujos/fotografías en el libro. Implante el vocabulario mientras hace el recorrido con las imágenes. Asegúrese de hablar de características del texto tales como los encabezados, el índice, el glosario, las palabras en negrita, los subtítulos, los gráficos/diagramas o el índice analítico.
3. Pida a los estudiantes que lean la primera página del texto con usted y luego haga que lean el texto restante.
4. Charla sobre la estrategia: úsela para ayudar a los estudiantes mientras leen.
   - Prepara tu boca
   - Mira la foto
   - Piensa: ¿tiene sentido?
   - Piensa: ¿se ve bien?
   - Piensa: ¿suena bien?
   - Desmenúzalo buscando una parte que conozcas
5. Léalo de nuevo.
6. Después de leer el libro, complete las actividades que aparecen abajo.

Área de contenido Vocabulario
Utilice palabras del glosario en una frase.

- celebraciones
- familia extendida
- generaciones
- parientes
- reunión
- tecnología

Después de leer:

Actividad de comprensión y extensión

Después de leer el libro, trabaje en las siguientes preguntas con su hijo o estudiantes para comprobar su nivel de comprensión de lectura y dominio del contenido.

1. ¿Tus parientes son los únicos que pueden ser considerados parte de tu familia? Explica. *(Texto para conectar con uno mismo).*
2. ¿Cuándo visitan las personas a sus familias? *(Resuma).*
3. ¿Por qué es importante estar cerca de la familia? *(Haga preguntas).*
4. ¿Vives con tu familia extendida o cerca de esta? *(Texto para conectar con uno mismo).*

Actividad de extensión

Saber de dónde vienes es una parte importante del hecho de estar en una familia. Pídele a un familiar adulto que te ayude a hacer tu árbol genealógico. Trata de retroceder al menos tres generaciones. Asegúrate de escribir en dónde vivía cada miembro de tu familia. Puedes hacer tu árbol genealógico escribiéndolo simplemente en un papel o dibujando un árbol que sirva de guía. ¿De dónde vino tu familia? ¿Qué tanto puedes retroceder?

En todo el mundo, a la gente le gusta visitar a la familia.

En Cuba y Argentina, varias **generaciones** de una misma familia pueden vivir juntas.

Esto se llama **familia extendida**.

América del Norte
Cuba
América del Sur
Argentina
Europa
África
Asia

Las familias extendidas también son comunes en Medio Oriente y Asia.

Las familias extendidas no tienen que salir de casa para visitarse. Pueden hacerlo a la hora de las comidas, antes de acostarse o incluso mientras hacen tareas.

Algunas personas viven cerca de sus abuelos, tías o tíos. Pueden caminar, ir en bicicleta o hacer un corto viaje en auto para visitarlos en cualquier momento.

Las familias en África pueden vivir cerca unas de otras en la misma aldea.

América del Norte
América del Sur
Europa
África
Asia

Cuando los miembros de una familia no viven cerca, pueden planear ocasiones especiales para reunirse. Esto se llama **reunión** familiar.

En las reuniones, los **parientes** comparten historias de familia, juegan, comen sus comidas favoritas y toman fotos.

Algunas veces las familias se visitan en **celebraciones** especiales.

Las bodas suelen reunir a las familias. En Japón, una boda puede incluir sólo a familiares.

América del Norte
América del Sur
Europa
África
Asia
Japón

Las familias también se reúnen durante fiestas y cumpleaños. En México, las familias se reúnen para honrar a sus seres queridos en el Día de Muertos.

En América Central y en América del Sur, las familias se reúnen en fiestas especiales para celebrar que una chica cumple quince años.

América del Norte
México
América Central
América del Sur
África
Europa
Asia

Muchas personas en Estados Unidos y alrededor del mundo visitan a sus familiares para celebrar la Navidad.

En Alemania, esconden un pepinillo en el Árbol de Navidad. El primer hijo en encontrarlo recibe un regalo especial.

17

Doro Wat

En Etiopía, las familias se reúnen para celebrar el Enkutatash, el primer día del año nuevo. Comparten una comida tradicional con pan plano y un guiso.

En Estados Unidos, las familias suelen reunirse para celebrar el día de Acción de Gracias en un festín con pavo, vegetales y pastel.

Cuando no pueden estar juntas, algunas familias usan la **tecnología** para visitarse.

Ya sea que vivas con tu familia en la misma casa o lejos, las visitas ayudan a las familias a mantenerse en contacto.

Glosario fotográfico

celebraciones: ceremonias o reuniones alegres para festejar un evento especial.

familia extendida: una familia que incluye abuelos, tías, tíos y otros familiares, donde todos viven cerca o en un solo hogar.

generaciones: grupo de personas que nacieron dentro de cierto período de tiempo.

parientes: personas que son miembros de tu familia.

reunión: encuentro entre personas que llevan tiempo sin verse.

tecnología: el uso de invenciones de ciencia e ingeniería que ayuda a resolver problemas y hace la vida más fácil.

Índice analítico

boda(s): 13
celebraciones: 12
familia extendida: 5
fiestas: 14, 15
generaciones: 4
parientes: 11
reuniones: 11
tecnología: 20

Sitio web (página en inglés)

www.kids.nationalgeographic.com

Sobre la autora

Colleen Hord es maestra de primaria. Vive en una propiedad de seis acres con su esposo, varias gallinas, patos y pavos reales. Los talleres de escritura son lo que más le gusta de su trabajo como maestra. Cuando no está enseñando o escribiendo, le gusta remar en kayak, caminar por la playa y visitar a su familia.

Demuestra lo que sabes

1. ¿Qué haces con tus familiares cuando los visitas?
2. ¿Cómo sería diferente tu vida si no pudieras visitar a tu familia?
3. ¿En qué sentido las visitas son iguales para todas las familias sin importar en dónde vivan?

¡Conoce a la autora! (Página en inglés). www.meetREMauthors.com

© 2018 Rourke Educational Media

All rights reserved. No part of this book may be reproduced or utilized in any form or by any means, electronic or mechanical including photocopying, recording, or by any information storage and retrieval system without permission in writing from the publisher.

www.rourkeeducationalmedia.com

PHOTO CREDITS: Cover: © Christopher Futcher, Blend Images; Title Page: © Yuri Arcurs; Page 3: © Vikram Raghuvanshi; Page 4–5: © Monkey Business Images; Page 6: © People Images; Page 7: © XiXinXing; Page 8: © Mark Bowden; Page 9: © agafapaperiapunta; Page 10: © Susan Chiang; Page 11: © Yuri; Page 12: © Monkey Business Images; Page 13: © cowardlion; Page 14: © sunsinger; Page 15: © Blend Images; Page 16: © People Images; Page 17: © Maria Pavlova, Dusty Pixel; Page 18: © Bartosz Hadyniak, Paula Brighton; Page 19: © Monkey Business Images; Page 20: © Yuri Arcurs; Page 21: © Monkey Business Images

Editado por: Keli Sipperley
Diseño de tapa e interiores por: Tara Raymo
Traducción: Santiago Ochoa
Edición en español: Base Tres

Library of Congress PCN Data

Todo el mundo visita a la familia / Colleen Hord
(Un mundo pequeño para todos, en todas partes)
ISBN (soft cover - spanish) 978-1-64156-025-2
ISBN (e-Book - spanish) 978-1-64156-103-7
ISBN (hard cover - english)(alk. paper) 978-1-63430-364-4
ISBN (soft cover - english) 978-1-63430-464-1
ISBN (e-Book - english) 978-1-63430-561-7
Library of Congress Control Number: 2015931701

Printed in China, Printplus Limited, Guangdong Province

3119202155900B